Katharina Jäschke
Marzipanduft des Paradieses

Katharina Jäschke

Marzipanduft des Paradieses

Gedichte

Bibliografische Information der Deutschen Bibliothek
Die Deutsche Bibliothek verzeichnet diese Publikation in der
Deutschen Nationalbibliografie; detaillierte bibliografische
Daten sind im Internet über http://dnb.dnb.de abrufbar.

© 2015 by Katharina Jäschke - Alle Rechte vorbehalten

Umschlaggestaltung: Nadja Rümelin
Herstellung und Verlag: BoD - Books on Demand, Norderstedt

ISBN: 978-3-7347-5237-7

das Auge des Eisbergs

Sturmwind, du bist mein Gott
dir will ich einen Tempel bauen
mehr aus Angst denn aus Liebe

lost property - Fundsache

immer unterwegs
im Internet im Flugzeug zu Fuß
immer unterwegs
Frankfurt Berlin Wiesbaden Rimini
Neu Delhi New York Moskau Beijing Shanghai
sehen hören riechen schmecken tasten
Gefühle sammeln und produzieren
Gespräche führen in Gesichter sehen
Menschen zu den Erinnerungen stecken
immer unterwegs
und etwas verloren
im Gepäck noch die Angst
Erwartungen Hoffnungen und Fragen
immer unterwegs
auch zu Hause
immer unterwegs
auf der Suche nach dem Paradies
mich verloren

der Winter wird kommen
pack Oleander und Rosen ein
der Weg nach Hause ist schon lange verschneit
überwintern musst du

Eis

wenn die Gletscher sterben
sie sterben
ihre eiskalten schwitzenden Arme lebensmüde
aber immer noch kristallstrahlend blau und weiß
von der Sonne genährt von der Sonne gefressen
donnernd zerbrechen bersten stürzen sie
gigantische Skulpturen
tauchen schaumpflügend ins Meer
tauchen auf und ab und können doch nicht lassen
zu schwimmen ein letztes Mal

wenn die Gletscher sterben
findet das Auge des Eisbergs den Nachthimmel leuchtend
die Milchstraße süß und warm
und es brüllt der schmelzende Riese bei seinem letzten Versuch
mit ausgebrannten Armen
in das eisgedachte Weltall zu greifen

mit dem Ende der Fische

wie kann ich leben ohne eine Spur von Salz auf meinen Lippen
und wie kann mein Herz schlagen ohne Wellen und Wind?
wenn das Wasser verstummt und
zum Grab der Fische geworden ist
wird auch mein Atem schweigen
und niemand wird mehr das sandige Ufer betreten
um mit nackten Füßen
diese sonnenwarme Fülle zu durchschreiten

just-in-time

da liegen sie
die Worte von A bis Z
im Hochregallager
bei Einheitstemperatur
werden auf Bestellung vom Roboterarm
präzise genau hervorgeholt
in den Mund gelegt
fallen in den Raum
der Lagerbestand wird Tag und Nacht
elektronisch überwacht
just-in-time exakt berechnet neu bedacht
auf die Schiene die Straße in das Leben geschickt
Worte zum schnellen Verbrauch

zeitbedingt

die Zeit rast quer durch die Stadt
kickt en passant abgestellte Stunden ab
sie treibt Menschen wie Schlachtvieh quer durch den Tag
im Supermarkt an der Kasse jagt das Transportband
Wartezeiten im Straßenverkehr kosten ein Vermögen
Theateraufführungen beginnen mit dem letzten Wort
Stunden und Sekunden werden nur noch als Slapstickduo
à la Stan Laurel und Oliver Hardy im Programmkino gezeigt
die Börse ist der neue Markt
wo mit bloßem Auge nicht mehr sichtbare Mengen an Zeit
gehandelt werden
freiverkäuflich werden ausschließlich Nanosekunden
in behördlich kontrollierten Feinkostgeschäften angeboten
die Zeit ist knapp, ihr Ausverkauf naht

nackt

das Grauen beim Namen nennen
von der Angst den Ausweis fordern
die zerbrechlichen Worte
nicht länger auf Händen tragen
sie wiederkäuen und kneten
sie dem Wind aussetzen
dass sie geschliffen werden
dass sie zu klaren Sätzen werden

vernünftig

am gefährlichsten sind jene, die auf dem Vernunftmonopol sitzen
schon beim Frühstück vernünftig
die der erstbesten Wirtschaftsprognose
auf allen Kanälen Online und an jedem Bahnhofskiosk zu kaufen
mehr Glauben schenken als dem Preis für Butter und Brot

jene, die fern vom Alltagsgedränge
mit abgeklärtem Blick aus einem der oberen Stockwerke
ihre vernunftglasierten Maßnahmen betrachten
für sie ist der Bahnhofskiosk ein Ort für die anderen
die Tag für Tag in Eile ohne Frühstück unvernünftig
mit schwarzem Kaffee auf leerem Magen
sich massenhaft durch den Tag bewegen

Potenzialanalyse

den Mond nicht wegen mangelnder Strahlkraft rügen
die Nacht nicht nach dem Licht
den Sturm nicht nach der Stille
die Ameise nicht nach ihrer Größe
und den Fisch nicht nach dem Fliegen
beurteilen
selbst das rote Auge des Stiers
kann das Feuer der Sonne nicht in schwarze Zahlen fassen

Flucht

wir hatten eigentlich ein gutes Leben
einmal am Tag gemeinsam mit der Familie essen
sagt die Frau unfreiwillig vorläufig unterwegs

das haben wir nicht gewollt
eine Frau mit Familie und einem schweren Kopf voll Erinnerung
ohne einmal am Tag
gemeinsam
vorläufig
wir tun etwas
das Leben geht weiter
schwarze Schwäne paarweise
auch wieder mehr Störche im Sommer
Mauersegler und
eine Taube mit gebrochenem Flügel

sie hatte eigentlich ein gutes Leben
aber wir haben schließlich auch ein Recht auf
eine unverstellte Aussicht und
gemeinsam mit der Familie einmal am Tag

Absprung

was für ein Mann
steht im 34. Stockwerk auf dem Fenstersims
außen, bereit zum Sprung sich wagemutig
in die Tiefe zu stürzen
den Fallschirm im Aktenkoffer versteckt
wollüstige Kameraaugen belegen die Tat

was für eine Frau
um einige Stockwerte tiefer, aber immerhin
steht sie auf dem Fenstersims
außen, bereit zum Sprung
das Kind, den Sohn, gepresst umarmt
drinnen warten
eine Eisenstange, zertrümmerte Möbelstücke
und ihr Beschützer mit bloßer Faust
kein Fallschirm rettet versteckt
kein Kameraauge belegt die Tat

nur durch das Pfand im Arm
dem einsamen Sturz noch einmal entkommen
durch die Tür gegangen und das Leben gerettet
bis zum Absprung endgültig
wagemutig in die Freiheit am seidenen Faden

Betriebsunfall

das größte Versagen des Menschen sei sterben
Betriebsunfall Tod
Urnen- und Sargverkäufer treffen sich konspirativ im Hinterhof
Trauer und Tränen
sind nur abseits der Straßen und mit Sarkasmus zu ertragen

wo Leben ist, ist Leben
wenn Krieg ist, ist Krieg
wenn Tod ist, ist Tod
zieh den Schleier vom Grab
sieh die Priester, sie vollziehen ihre Rituale
nach uraltem Brauch

sich nicht verstecken in den Warenhäusern der Zeit
abtauchen in Betriebsamkeit
die Alltagstür öffnen und dem eigenen Fluss folgen
jeder Mensch ist vollkommen
Sturm und Schrecken gehören zum Leben

ich hoffte auf Licht und es kam Finsternis
Waffenlieferungen an die Kurden im Irak
Panzerabwehrraketen
Gefechtsübungsstationen
wieder ein neues Wort gelernt, das hält geistig fit
Sanktionen, Boykott, etwas zu viel Krieg
schwerer Schaden für die Wirtschaft
mit Tauben lässt sich kein Geschäft machen
Dolmetscher stehen nur bedingt als Synonym für Wachstumsimpulse
auch Gespräche werden nicht an der Börse notiert
Geld bleibt billig, Geld bleibt reichlich vorhanden
Geld bleibt im Gespräch und in den Schlagzeilen
und ich hoffe jeden Morgen auf Licht und die lebendige Hand
aber
wenn ich auf das hoffe, was ich sehe, dann hoffe ich nicht

Entscheidung

zahlenreich ist mein Tag
beauftragt bin ich Staubfäden zu prüfen
wie ein Pflasterstein schlägt mein Herz

nie werde ich mich gewöhnen
über die Schwelle zu schleichen
den Sonnenstrahl zu leugnen
und das Lachen abzuschreiben

nie wird die Schwere süß
doch sie kann schmelzen
wenn ich gehe mit der Sonne an der Hand

wie wunderbar

wenn du in mehreren Internet-Communities
wie wunderbar
zu Hause bist
eine Mikrowelle einen Tiefkühlschrank
I-Phone I-Pad einen Skype Account
Stadt-Geländewagen oder Electric car
wie wunderbar es doch ist
eine Frau einen Mann
dein Eigen nennst und
dass niemand nur einen Augenblick warten
ob die Uhr die volle Stunde schlägt
ob du dich im Elysium oder in der Hölle siehst
Lebensjahre und Rententräume saldierst
davon träumst, was du alles noch machen willst
bevor man beginnen kann
muss
unbedingt später dein Leben zu verbessern
um die Welt zu verbessern

„*Wie wunderbar ist es doch, dass niemand auch nur einen Augenblick warten muss, um die Welt zu verbessern.*"
Anne Frank

dass nicht die Seele erstickt

täglich die Nachrichten:
grenzüberschreitende Zusammenkünfte
trotz Simultandolmetscher von Sprachlosigkeit geprägt
Schicksalsschläge Naturkatastrophen
im Rampenlicht jene
die wohl nie den gesicherten Hochsitz des Lebens verlassen

dass nicht die Seele erstickt
den gefährdeten Blick fortreißen und
die Welt einen Wimpernschlag lang allein lassen
der Stille Zeit geben
dem Wegweiser im Herzen vertrauen
der Zuversicht ein Angebot machen
die Erinnerung an die warme Haut des Geliebten
um die verletzte Schicht der Seele legen
der Zuversicht den Weg weisen
den Blick wenden
der Hoffnung Raum geben

eigentlich

es könnte doch eigentlich so einfach sein
dass jeder ein bisschen zu essen, jeden Tag
und ein Leben ohne Angst auf der Straße und im Haus
und ein Marktplatz und Fußballspiele ohne Bomben
ein unverstellter Blick
dass es doch eigentlich möglich ist
wenn wir alle
ein Erdbeben, das die Häuser verschont
und die Herzen der Menschen erschüttert
dass es eigentlich möglich ist
eine Welt ohne Klagen
und jetzt sage mir nicht, dass es aber immer Menschen gibt
denn ich rede nicht von Freude und Glück
nur eine Welt ohne
Kinder auf Müllbergen und
Menschen mit gierigem Griff in die Abfalltonne

Sonnenlicht ohne Fensterscheiben

einen Luftsprung wagen
ich könnte nur fallen
durch die Wolken
in strahlendes Licht

auf der Spur der Liebe

nicht nur mich
sondern die Welt und dich sehen
wie nach schwerer Krankheit in das Leben erwacht
Sonnenlicht ohne Fensterscheiben spüren
den Geruch von Frühling schmecken
altes Brot wie ein frisches Croissant verspeisen
den Lärm, den Streit, die Sorgen und auch die Angst
zur Kenntnis nehmen
wie eine Träne als zärtlichen Begleiter
als hilfreichen Freund
auf der Spur der Liebe begrüßen

im Windschatten der Liebe
tritt die Hoffnung in das Haus
durch die geöffnete Tür
durch den Blick deiner Augen

das eine Wort

bewahre mir das eine Wort für die Liebe
aber setze es nicht in das denkmalgeschützte Haus
in dem niemand lebt
nimm die Farben des Frühlings
und streiche mit ihnen mein Zimmer aus

da ich blind bin
erzähle mir von den Farben der Freude und der Hoffnung
sage mir wie ich die Farbe des Frühlings
mit Händen fangen kann

lass Kontoauszüge Moral und Bedenken
gib uns Zeit
begleite mich nur und bewahre das Wort
dass ich die Liebe spüren kann

trunken vom Marzipanduft des Paradieses
trage ich den Korb prall gefüllt

der Geschmack des Glücks

jederzeit zur geöffneten Tür hin
herzwärts leben
meine Worte Wolken und Wind anvertraut
mich am Klang deiner Stimme erfreuen
meine Fehler mir vergeben
und deine vergessen zur rechten Zeit
von Gnade nicht nur reden
und beim Erwachen dich mein Morgenstern erkennen
alles das ist viel mehr als nur eine Ahnung
vom flüchtigen Geschmack des Glücks

da ist ein Weg in mir
ich sehe ihn nicht

du lädst mich ein
lässt Licht erblühen
begleitest mich

zur rechten Zeit am rechten Ort
steht Wasser Wein und Brot bereit

auferstanden

anklopfen willst du, aber wie
mit den Händen genagelt ans Kreuz
wie die Hand mir reichen, den Weg weisen, die Tür öffnen
erst auferstanden wirst du meine Tränen trocknen und
meine Freude verstehen, mein Leben
das Kreuz als Türschwelle, als Rahmen nur sehen
für den Eintritt in eine andere Welt

abgesichert

bewahren verwahren
im Schließfach am Bahnhof
in der Kiste im Keller
im Tresor einer Bank
angehäuftes Leben
Worte Gesten
die Hoffnung und den Trost

vergebliche Versuche
durch lichtloses Verwahren
Leben abzusichern
anstatt es zu bewahren

unbegründet

täglich an der Mauer bauen
deren Höhe mich nicht schützt
deren Grund mich nicht berührt

und doch aus dem Brunnen trinken
dessen Tiefe ich nicht grub
auf den Duft einer Rose hoffen
die ich gestern nicht gepflanzt
auf die Liebe vertrauen
deren Quelle ich nicht bin

von einem Gott durchtränkt

da ist Gott drin, sagst du zu guter Musik
zu diesem Gespräch zu diesem Tag
von Gott durchtränkt
aber auch das
die Angst, der Hass und die Gewalt
von Gott durchtränkt
bin ich klitschnass erschöpft und aufgesogen

Schöpfung

das Wort
ich lasse es fallen bis zum Grund
immer wieder fallen
das gleiche alte Wort
wie Regen schlägt es auf die Erde
auf Wüste Wiese Steppe Steine Acker Asphalt
taucht ein in Pfützen Flüsse und Wind
das Wort für Liebe
ich lasse es fallen
du kannst es schöpfen
wie Wasser vom Grund

wenn das Geheimnis gegangen ist
aus der Welt verschwunden
durch Forschergeist
durch Forscherdrang
alles zu wissen
wenn das letzte Geheimnis seziert ist
lebt es sich aufgeklärter und ernüchtert
vielleicht

doch das Geheimnis lebt
es findet seinen Platz

ich träumte im Rosenduft des Paradieses
in deinen Armen liegend
der Welt Lebewohl zu sagen

doch nach dem Weckruf des Morgens
verlor sich im Gewitter des Tages
die Spur der Stille dieser Zeit

bis der Duft einer unerwarteten Rose
mir die Erinnerung gab
in deinen Armend liegend
der Welt Lebewohl zu sagen
ist kein Traum
ist seit Ewigkeiten schon wahr

Vertrauen

da ist eine unsichtbare Hand
die mich nährt und die mich trägt
in dieser Stunde und vielleicht
in den kommenden Tag
und wenn sie sich dreht und ich stürze
falle ich wieder in eine unsichtbare Hand
die mich nährt und die mich trägt
und wenn sie mich fortwirft und ich fliege
tanze ich sicher durch den Raum
der mich trägt
wie die Liebe
eine unsichtbare Hand

Sonnenaufgang

seit viereinhalb Milliarden Jahren
jeder Morgen ein Versprechen
Erinnerungen Träume und Wünsche
jeden Morgen Wärme und Licht
jeder Tag ein Versprechen
sichtbar am Horizont
der Mittelpunkt meines Universums
von Angesicht zu Angesicht
jeder Morgen eine Möglichkeit

jetzt singen die Farben

auf Augenhöhe mit dem Grün
rast in mein Herz der Trost

Léon Bakst, Marc Chagalls ehemaliger Lehrer in Russland, charakterisierte Chagalls neue Töne bei einem Besuch in dessen Atelier so: „Jetzt singen ihre Farben."

Lichtbad

die Welt badet in Licht
es bedarf keiner großen Gesten und weltmännischen Worte
endlich Frühling
die Vögel singen tulpenrot und die Luft ist grün
am Bahndamm spielen Kinder
bald wird dort der Flieder seine unerreichbare Fülle
                                      duftend entfalten
jede globale Message läuft ins Leere
wenn die Nachtigallen zurückgekehrt ihre
                                      Probebühne betreten

auf Augenhöhe

Zugfahren
auf Augenhöhe mit dem Grün
Bergwiesen- Kastanien- Nadelbaumgrün
Apfelgrün Birkengrün Weinlaubgrün Fußballgrün
die Lärmschutzwand die Böschung grün
der Berg die Weiden Gärten Alleen
Regengrün
Deichgrün Schilfgrün Schattengrün
ich unterwegs
auf Augenhöhe mit dem Grün
rast in mein Herz der Trost

Farben

(1)
meine Farbe ist Schwarz
ein lebendiges fröhliches Schwarz
ein vollkommenes Schwarz
das durch keinen grellen Pinselstrich
aus der Fassung zu bringen ist

(2)
Frühlingsbäume
Erdbeerrot und Vanilleweiß
und ein schokoladenbrauner Stamm
erinnern an Fürst-Pückler-Eis

(3)
meine Seele wird satt im Blaublau des Himmels
den keine Wolke trübt
der Wind streift durch dein Haar atemzart
ich esse das Blaublau
ich trinke aus deinen Augen

(4)
mein Herz Kirschblütenrot und Narzissengelb
farbenvoll läuft es über

(5)
nacktes Fleisch
Bratwurst auf dem Grill
essen, lieben, Sonnenbrand

(6)
wie Schokolade am Rand der Eistüte schmilzt
so schmilzt mein Schatten
der mir vorauseilte
als der Strand sichtbar am Horizont war
jetzt liege ich nackt in der kühlenden Brandung

(7)
Herbstfarben sind geschenkte Farben
wie die Zeit der Liebe
wenn dein Blick mich trifft
wie ein Blitz den Baum bezwingt
trifft Amors Pfeil und fällt mein Herz

(8)
die Taschen prall gefüllt mit Seidenstoffen
in den leuchtenden Farben Indiens
meterweise mit Gold- und Silberfäden durchwebt
schwer beladen strömen die Frauen
aus den air conditioned Läden von Pondy Bazar
im rabenschwarz ölglänzenden Haar Jasminblüten
nach Hause in der Autorikscha
Singsang vom Band aus dem Straßentempel
Schlaglochstraßen Zwölftonhupkonzert
der würzige Duft indischer Straßenküchen
hat im Abgasblau kaum eine Chance

(9)
die Flaschenbürste
abgenutzt aufgerieben das Rückgrat verbogen
die Plastiksträhnen werden grau

(10)
deichgrün und schwarzbunt die Kuh
das Standortzwischenlager ein Trockenlager
für die Zufuhr von kalter Zuluft befinden sich in einer
Hallenlängswand Lufteintrittsöffnungen und für die Abfuhr der
erwärmten Abluft im gegenüberliegenden Lagerhallendach
entsprechende Luftaustrittsöffnungen
das Trockenlager ist immer noch grau

aus:
e.on Kernkraft, Kurzbeschreibung Zwischenlager-Kernkraftwerk
Unterweser, 1. Auflage 01/2001

Angst

grau ist der Himmel, sagt der Blinde
die Vögel schweigen
der Wind fegt durch die Zweige und
Gewittergeruch zieht durch die Luft
grau ist der Himmel
Angst kriecht auf mein Schiff

ich öffne die Augen, der Himmel ist blau

genügend

etwas Grün und ein Himmel
Atemluft und Lerchen über dem Feld
etwas zu essen und egal ob oder was ich denke
keine Angst vor dem nächsten Schritt
der große Fluss und Arme so lang hinüber zu greifen
Augen so weit an die Wolken zu reichen
und Tränen vielleicht so plötzlich vor Glück

über das Glück

wie kann ich glücklich sein, solange ich weiß,
dass ein Mensch leidet?
darf ich glücklich sein, solange ich weiß,
dass du gehen wirst,
dass die Sonne untergeht,
dass der Tag kommt, an dem sich
deine liebenden Augen mit Tränen füllen?
kann ich glücklich sein
darf ich glücklich sein
weiß ich, glücklich zu sein?
ich frage an der Straße den Fliederbaum
seine Antwort im Frühjahr
ist göttlich duftendes Blütenblau

Abschied

ich warte im Bahnhof
in der blauschwarzen Nacht
Züge fließen durch das gläserne Dach
milchtrüb wie Pergament
es ist spät
rasende Sterne flüstern mir zu:
fahr noch nicht fort

Dom von Bosau

Marmorweiß habe er über den See geleuchtet
sagte man früher
kalkweiß steht die romanische Feldsteinkirche
mit den Füßen fast im Wasser
noch heute doch
es leuchten nur noch die Augen der Freizeitkapitäne
bei gutem Segelwetter
und die Äolsharfen vom Golgathahügel
mit dem Potpourri von Kreuzen
aus Muscheln Treibholz und Blech
hört nur noch der Wind

auf dem Rücken des Regenbogens

unbeständig wie das Wetter
wechselhaft und unberechenbar
heute so morgen so
wie Sekunden vorübergehend

schlimmer noch als Hast ist die Unentschlossenheit
zur richtigen Zeit *Nein* zu sagen

fremde Eile erzwingt Notwendigkeiten
ungewollt unbemerkt
schnürt sie ein Netz mit Maschen aus Blei
das den Atem raubt und die Freude erstickt

tief Luft holen mit weit geöffnetem Blick
und krachend zersprengt das
Band von meinem Herzen das da lag in großen Schmerzen
und voll Glück nehme ich in Zukunft
den leichten Mantel für meinen Tagesritt

rastlos

wir rennen
als hinge das Drehen der Erdkugel
von uns allein ab

oft ist weniger mehr
ab und zu einfach nur
sitzen und schweigen

ein Weg, ich sage nicht wohin
Anna Achmatowa

wüsste ich den Weg, auf dem ich sagen könnte
ich wüsste wohin und ich wüsste wohl, ihn zu beschreiben
dort entlang, so in einem guten Leben und eine Weile bergan
und ich könnte sagen, folge mir, denn ich sehe
jeder Weg hat ein Ende, begleite mich
über uns nur die Sterne und ein Mond ab und zu
und Wolken vielleicht, auf denen die Väter gegangen kommen
um für die Kinder zu sorgen
zusammengewürfelt hat uns das Leben
ein Weg, ich sage nicht wohin mit
Schlagstöcken zwischen den Beinen
die sich nie begegnen, lassen einander in Frieden
wüsste ich den Weg, ich wüsste wohl
dort entlang, eine Weile bergan

und die Erde unten

wann habe ich aus meinem Leben eine Wüste gemacht
mit einem Himmel ohne Farbe und Licht
ein Weg ohne Ende und Berge aus Steinen
ich wandere durch Mondlandschaften
den Weg zurück habe ich
verloren vergessen
ich wandere im schwarzdurchtränkten Raum
ich sehe Sternschneeflocken und die Erde unten
diese blauweiße Kugel, die sich immer noch dreht
die Live-Ziehung der Lottozahlen
und die Kugel fällt traumgenau immer daneben

ein Gefühl von Leben

im Vergrößerungsglas der Vergangenheit
sehe ich sie im
Brennpunkt des Lichts
lupenklar
wie das noch immer sichtbare Bild eines Sterns
der schon vor Millionen von Jahren starb
was gestern war
Erinnerung
ein Gefühl von Leben nur
honigsüßer Balsam
dessen Essenz
vielleicht
einmal wirklich war

gehen
meine Füße setzen
auf Teppichboden Rolltreppen Asphalt
das Gaspedal die Stufe den Altpapierkarton
gehen
meine Füße setzen
auf taubefeuchtete Wiesen
auf gipfelschmale Steige
in sonnenheißen Sand
meine Füße setzen
Schritt für Schritt
auf der Leiter meines Lebens steigen
höher gehen tiefer kommen
weiter gehen

Seiltanz

wenn in zwei Wochen ich gehen müsste
aus dem Leben für immer
müsste *lebt wohl* und nicht *auf Wiedersehen* sagen
ich nicht mehr gehe sondern gegangen bin
für immer
wo wird meine Spur zu finden sein
wenn nicht in deinem Herzen
wenn nicht in einem Herzen mein Name Atem war
vielleicht lebte es sich bequemer
keine Spur von Leben zu wagen

mein Seil ist gespannt
ich setze meinen Fuß tanze bis zum Ende

vergeben

vergeben
dem Tisch für die Kante
dem Papier für die Schärfe
dem Stein für die Härte
der Wolke für den Regen
der Kälte für die Schmerzen
dem Nachbarn für sein Wort
und mir
für mangelnde Liebe
Feigheit und Worte ohne Trost

über das Fliegen

fliegen wollte ich
um Trost aus der Erde zu empfangen
fliegen und abgesichert gehen
wie lächerlich

fliegen wollte ich
doch die Furcht, dass der Raum zu groß wird
hielt mich zurück

fliegen wollte ich
zerstört ist ein Traum
doch es bleibt der begehrliche Blick
auf den Rücken des Regenbogens

leichtsinnig

ab heute lasse ich Haus- und Wohnungstür unverschlossen
damit der Briefträger
die an mich gerichteten Liebesbriefe
mit Rosenduft besprüht
direkt in mein Schlafzimmer tragen und
auf mein Kopfkissen legen kann

weißt du, wer ich bin

weißt du, wer ich bin?
findest du mich in den Schichten
die ich wärmend um mich gelegt habe?
siehst du, dass ich viele Mäntel öffnen kann
wenn ich in deine Wohnung trete?
ich lege viele Hüllen ab
heizt du dein Zimmer, damit ich nicht friere?
wenn ich dann nackt dastehe
trage ich dennoch ein haariges Fell
oder kühle, grünsilbrige Schuppen
ich bin die Nymphe, die dich einfängt
und mitnimmt in ihr Reich

wie du mich siehst, so bin ich nicht
wie du mich siehst, so willst du mich
wie du mich siehst und wie ich bin
wir beide finden nichts

du – Variationen

(1)
wie eine Musik
die mir nicht mehr aus den Ohren geht
die mit jedem Schritt
wieder und wieder aufs Neue anhebt
und in mir klingt
und herzerfüllendes Lachen und Freude bringt
so soll dein Name
in mir singen

(2)
wie eine Musik
die mir ständig in die Ohren dringt
die mit jedem Schritt
wieder und wieder aufs Neue beginnt
und in mir klingt
wie ein Lied auf einer CD die immer
                     an derselben Stelle hängt
so soll dein Name
nicht in mir singen

müde sein dürfen
vielleicht auch des Lebens
oder der Liebe sogar
vor einer Mauer stehen
müde sein, sich Zeit nehmen
wie der Fluss warten auf den Regen
wie der Wind vor dem nächsten Sturm
Atem holen

der Morgen kommt

um wie viel länger wäre die Nacht
würde die Morgensonne sich in der Milchstraße verlaufen
die Morgensonne, sie muss Grenzen markieren
eine Aufgabe, die getan werden muss
wie einen angebrannten Kochtopf bürsten
wie manchmal ein Telefonanruf
eine unangenehme Nachricht, die mitgeteilt werden muss
um wie viel länger wäre die Nacht
würde die Sonne in der Milchstraße
um den heißen Brei herumschleichen
noch hält sich die Nacht
doch der Morgen kommt

Wind der mir die Träume bringt
Wind der mir den Atem schenkt

an den Regen

lange genug hast du Flüsse und Pfützen gespeist
Gärten und Äcker getränkt
lange genug zogen, wenn du ruhtest
deine Vertrauten, die Wolken und der Nebel
beide in grauem Gewand
tief über die hängenden Köpfe der Erde hinweg

es ist genug
reichlich Pilze sind der Erde entsprossen
unzählbare Schnecken haben selbst breiteste Straßen
                                                sicher überquert

es ist genug
schon steigen Schleier in Hochzeitsfarben aus den Tälern empor
streichen zart wie zum Abschied um die Kronen der Fichten
vereinzelt nur noch fällt ein Tropfen
wie eine Träne auf das Blattwerk der Bäume
die sich wie ein nasser Hund mit aller Kraft schütteln
und ihr Gesicht, wie der Mensch, erneut der Sonne zuwenden

das Haus aus Lügen gebaut
steht hart wie ein Stein
wir weben uns ein Schiff
dass es uns trägt
furchtlos und stolz durch den stürmischen Tag
nachtseitig vertäut
wächst wie ein Schiff am Horizont
aus Lichtfäden geknüpft
sternwärts unser neues Haus
Regen und Sturm
selbst Zweifel hält es aus

zwischen den Zeilen

Regentropfen Erinnerung
an Sonnenstrahlen und Licht

inkognito

aus meinem Kalender wurden alle Einträge gelöscht
man hat mich von allen Verpflichtungen freigemacht
terminlos fahre ich in die Stadt
ich warte an einem Bahnsteig
an dem schon lange kein Zug mehr hält
ich kreuze die Straße an der Ampel
eine Wand aus Menschen läuft durch mich hindurch
Fragen fallen lautlos aus meinem Mund
Spatzen picken sie eilig vom Pflaster auf
in der Nacht schreibe ich auf alle Litfasssäulen ein Gedicht
das Tageslicht löscht meine Schrift
unerkannt unbekannt gehe ich durch die Stadt
in der Schaufensterscheibe sehe ich
inkognito in mein Gesicht

sorgenvoll

ausgetrocknet
die Freude zieht nicht tief in die Haut
keine Luft zum Atmen
die Lunge gefüllt mit Sorgen

Gedanken im Konjunktiv

du bist gegangen und ich höre deine Schritte
auf den Stufen hinab, erstes Stockwerk, Erdgeschoss
noch könntest du zurück
ist die Haustür schon ins Schloss gefallen?
jetzt müsstest du, um die Ecke, die Straße entlang
noch wäre Zeit, mein Glück fußläufig zu halten
du kannst noch nicht weit
an der Kreuzung vielleicht
abgetaucht zur U-Bahn oder doch lieber zu Fuß
ich könnte, rennen und rufen
oder du kommst zurück, dann müsstest du
die Haustür geht, die Briefkästen klappern, jetzt müsste ich
meine Schritte auf den Stufen die Stockwerke hinunter
hinter mir die Haustür, ich schneide die Hecke und
drei Häuser weiter stehst du
an der Straßenlaterne und lächelst mir wie selbstverständlich zu

am Ende

wenn jedes Wort wie ein Stein geworfen an die Haustür trifft
jedes Wort wie Salz in Limonade schmeckt
wenn nur noch dein und mein Wort zählt
und jeder nur noch der eigenen Erinnerung vertraut
wenn auf tänzerische Art zu sein
über Dächer zu gehen und kopfüber in der Luft zu stehen
vergeblich ist, dann sollte es möglich sein
die Aktentasche mit den verlorenen Worten zu schließen
und am Ende
ausreichend frankiert am Paketshop um die Ecke abzugeben
Adresse und Absender unbekannt

Adieu

vielleicht wird der Tag kommen
dass ich im Laufe eines beliebigen Vormittags beschließe
meinen Koffer zu packen und mir vorauszuschicken
mit ungewissem Ziel und Absender verzogen oder unbekannt
vielleicht wird es so kommen
dass ich unverzüglich alle Erinnerungen aus den Schränken hole
sie ungewaschen und unsortiert zusammenraffe
und in meinen geräumigsten Koffer packe
wenn niemand da ist, der fragt, *weißt du noch*
wenn wieder ein Frage ins Leere läuft
vielleicht wird es so kommen
dass ich den Koffer schließe
dass ich Lebewohl sage
mit abgewandten Augen die Räder des Zahlenschlosses verdrehe
weil ich immer noch leise, *weißt du noch*, diese Frage in mir höre
vielleicht wird es so kommen
an einem beliebigen Vormittag

aus dem Takt

auf der Spitze des Zeigers haben wir die Nacht verloren
unruhig springt im Gehwerk der Uhr das zerbrochene Glas
windweit sind alle Wege mit Sorgen bedeckt
wir warten auf die willkommene Stunde
und träumen, dass die Tränen verreist sind
zum Geburtsland der Sterne, der Heimat der Zeit

Regenwarten

ich stehe am Fenster, hier bin ich nicht zu Haus
Regenzeit ist Wartezeit
auch die Fachwerkhäuser warten auf die Sonne
und bessere Zeiten
die Sprossenfenster im Haus gegenüber sind weiß,
                                                                    die Gardinen grau
das Dach über der Tür ist verrutscht wie ein uraltes Gesicht
die Regenrinne ist defekt
Wasser fällt auf die Straße drei Stockwerke tief
auf der Dachtraufe übt eine Taube Schwebebalken
                                                                             auf einem Bein
auf dem Gehweg versammeln sich Spatzen zu Tränke und Bad
eine alte Frau mit blondgefärbtem Haar in Puschen
                                                                 mit Pommel schlurft
über die Pflastersteine, ohne Regenschirm bei diesem Wetter
ich warte und möchte noch nicht nach Haus

Mutmaßung

im Bus, die Ampel ist rot, durch das Fenster ein Augenblick
im Spiegel der Schaufensterscheibe sehe ich
dein mir vertrautes liebes Gesicht
Fernsehbildschirme flimmern im Hifi-Geschäft
ich sehe dein erstarrtes Gesicht
royale Hochzeit Fußballweltmeisterschaft oder
Flugzeugabsturz Naturkatastrophe Krieg?
der Bus fährt weiter, der Bahnhof, drei Stationen noch
ich laufe über die Straße, den Wohnungsschlüssel schon in der Hand
und ich öffne die Tür, schalte noch im Mantel den Fernseher an
auf allen Kanälen Krieg
das Telefon klingelt und ich höre deine Stimme, die fragt,
hast du gesehen?
lass uns spazieren und am Abend tanzen gehen

warten

der Erde verfallen
warten
auf den Feierabend Geburtstage Urlaubsreisen
das Arbeitsende den großen Event
die Uraufführung Kinder Enkel
Rosenmontag Totensonntag
Feiertage E-Mails
Fragen Antworten
warten
auf das Ankommen
auf das Abschied nehmen
niemals auf den Tod
den ich wirklich nicht erwarte
den letzten Tag
an dem ich mich vielleicht immer noch frage
worauf ich eigentlich mein Leben lang
gewartet habe

jedes Unterwegssein ein Leben für sich
draußen, auf einem anderen Stern
jedes Unterwegssein eine Möglichkeit zu leben
die Karten werden neu gemischt

unterwegs sein, den Anker lichten
alle Optionen offen, jedoch
unter dem Mantel meiner Haut
Wünsche Träume Erinnerungen
und immer diese Stimme, die befiehlt
Anker werfen
es gibt nur ein Leben für dich

geh nicht zurück, lauf nicht vorbei

dein Garten ist hier
Orangen- und Granatapfelbäume säumen den Weg
dein Bett duftet sonnenwarm nach Zedernholzöl
Olivenbäume am steinigen Hang wachsen bis zum Himmel
unzählbare Zweige für die Tauben
du pflückst die Feigen vom Baum
warm liegen sie in deiner Hand
und du spürst ihre feste Haut sanft an deinen Lippen
und du schlürfst ihren Saft
um dich herum Häuser und Ruinen
am Felsen der Gärtner füllt dein Glas
er reicht dir Wasser und Wein
er backt dein Brot auf dem Feuer der Erde
seine Augen sind schwarz
schau ihn an, hier steht dein Tisch
er ist reichlich gedeckt, nimm Platz und iss

wie ein Grashalm

ich bin nackt, wie ein Grashalm
um meinen Tag kümmern sich Sonne und Wind

alles scheint so wie immer

ich komme vom Bahnhof, aber heute
mit zwei Händen voll Glück
es wird Abend, die Straßenlaternen gehen nach und nach an
ich gehe diese Straße hinauf
der Fußweg ist breit
die Bäume sind entlaubt
in den Vorderhäusern brennt Licht
Wohnzimmer stilvoll geräumig die Decken mit Stuck
Kronleuchter aus Kristall oder zeitgemäßer Chic
ich bin müde vom Tag
die Einkaufstaschen sind schwer gefüllt, aber heute
werden meine Arme nicht lang
leichtfüßig bummele ich die Straße bergan
ein Blick rechts einer links
alles scheint so wie immer
an der Nähmaschine hinter dem Fenster
                        arbeitet spät noch Frau Anh
ich wechsle die Taschen
ein Auto parkt, ein anderes bremst, eine Katze flieht
ich suche den Schlüssel, ich komme nach Haus
du stehst in der Tür und nimmst meine Taschen
du packst sie eilig aus, ich wasche meine Hände
alles ist so wie immer, aber heute
ging ich spazieren mit zwei Händen voll Glück

was bleibt

Weinberge
Hüter der Hoffnung im Zeitalter von Globalisierung und Internet
auch die sechshundert Jahre alte Linde steht
bei der Thomas Müntzer seine Getreuen und Mitläufer sammelte
bis zum Zeichen, sie erstürmten die Burg

riechst du Kuchenkaffee, hörst du Jazzmusik, einen
gemütlichen Plausch
Kaufmann und Kaiser feilschen in den Gerichtsstätten von heute
um Besitztum Nutzung und Recht während in den
von ihnen beauftragten Marketingagenturen
rund um die Uhr ihre Arbeitsplätze gesichert werden

Sätze zerplatzen wie Silben auf dem moosummantelten Schild
Bauernunruhen Feudalherrschaft Kirche Westfälischer Friede Krieg
im Tal werden die Tafeln von morgen poliert
Baumärkte Autohäuser Straßenneubau Tankstellen Betreiber-
gesellschaft Aufschwung Ost ein ausgewiesenes Wohn- und
                                                                Gewerbegebiet

die spanische Armada Napoleon Hitler besiegt
Robespierre Gandhi Mutter Teresa Albert Schweitzer tot
Dampfmaschine Elektromotor Röntgenapparate
Revolver Dynamit Maschinengewehre Atomkraftwerke
getestet erprobt

wenn die Linde noch steht
wenn im Juni der Weinberg blüht

in der Medicikapelle von San Lorenzo

ein Mann und eine Frau
den Tag und die Nacht darstellend
zwei Gestalten, denen die Zeit alles verdirbt -
so schrieb Condivi, Schüler Michelangelos

die Zeit
sie lässt die Erde und den Mond sich drehen
und gemeinsam die Sonne umwandern
sie gibt und sie nimmt, jeden Tag
das Licht und die Wärme
die Kälte und die Nacht

wie die Zeit, die nichts fragt
will ich mein Licht weiterreichen
an einer noch brennenden Kerze mein Opfer entzünden
nehmen halten und weitergeben
das Licht und die Wärme
das Lächeln eines Augenblicks
es brennend weitertragen

zwischen den Zeilen

das Buch in meinem Schoß
und zwischen den Zeilen noch immer
der harzige Geruch nach Kiefern, Pinien und
den staubigen Weg, den blauen Himmel
sonnentrockene salzige Meeresluft
wenn ich umblättere rauscht die Brandung
zieht geräuschvoll Kieselsteine ins Meer zurück
der steile Fels spendet keinen Schatten
zwischen den Zeilen blendet die Nachmittagssonne
das Buch liegt im brennenden Sand
ich schwimme im lauwarmen Blau
ein alter Mann vertäut sein Boot
was bleibt, ist ein honigsüßer Fleck auf dem Lesezeichen
und ein Sandkorn zwischen den Zeilen versteckt

Inhalt

Das Auge des Eisbergs
Sturmwind, du bist mein Gott 7
lost property - Fundsache 9
der Winter wird kommen 10
Eis 11
mit dem Ende der Fische 12
just-in-time 13
zeitbedingt 14
nackt 15
vernünftig 16
Potenzialanalyse 17
Flucht 18
Absprung 19
Betriebsunfall 20
ich hoffte auf Licht 21
Entscheidung 22
wie wunderbar 23
dass nicht die Seele erstickt 24
eigentlich 25

Sonnenlicht ohne Fensterscheiben
einen Luftsprung wagen 27
auf der Spur der Liebe 29
im Windschatten der Liebe 30
das eine Wort 31
trunken vom Marzipanduft 32
der Geschmack des Glücks 33
da ist ein Weg in mir 34
auferstanden 35

abgesichert 36
unbegründet 37
von einem Gott durchtränkt 38
Schöpfung 39
wenn das Geheimnis gegangen ist 40
ich träumte im Rosenduft des Paradieses 41
Vertrauen 42
Sonnenaufgang 43

Jetzt singen die Farben
Lichtbad 47
auf Augenhöhe 48
Farben 49
Angst 53
genügend 54
über das Glück 55
Abschied 56
Dom von Bosau 57

Auf dem Rücken des Regenbogens
unbeständig wie das Wetter 59
schlimmer noch als Hast 61
rastlos 62
ein Weg, ich sage nicht wohin 63
und die Erde unten 64
ein Gefühl von Leben 65
gehen 66
Seiltanz 67
vergeben 68

über das Fliegen 69
leichtsinnig 70
weißt du, wer ich bin 71
wie du mich siehst 72
du – Variationen 73
müde sein dürfen 74
der Morgen kommt 75
Wind der mir die Träume bringt 76
an den Regen 77
das Haus aus Lügen gebaut 78

Zwischen den Zeilen

Regentropfen 79
inkognito 81
sorgenvoll 82
Gedanken im Konjunktiv 83
am Ende 84
Adieu 85
aus dem Takt 86
Regenwarten 87
Mutmaßung 88
warten 89
jedes Unterwegssein ein Leben für sich 90
geh nicht zurück, lauf nicht vorbei 91
wie ein Grashalm 92
alles scheint so wie immer 93
was bleibt 94
in der Medicikapelle von San Lorenzo 95
zwischen den Zeilen 96

Katharina Jäschke, 1960 in Nordenham/Unterweser geboren, lebt in Wiesbaden. Sie schreibt Lyrik und poetische Kurzprosa die in zahlreichen Anthologien und Zeitschriften veröffentlicht wurde. 2001 erschien ihr erster Gedichtband *Lebenszeichen*, es folgte 2007 *trink doch die Rosen*.

Zahlreiche Lesungen sowie Projekte mit anderen Künstlern, zum Beispiel *Zwiegespräche von Wort und Bild*, eine Ausstellung von Gedichten und Fotografien, oder *Lieblingsspeise*, Poesie trifft mongolische Lieder.

Sie ist Preisträgerin des XI. Literaturwettbewerbs der GEDOK und wurde mehrfach regional ausgezeichnet.

Sie absolvierte ein Mathematikstudium in Göttingen und eine Ausbildung zur Yogalehrerin BDY/EYU in Kassel.

www.katharina-jaeschke.de